RISQUE ZÉRO

Kit complet de gestion de risques

Analyse de risques
Etablissement d'un Plan de Continuité d'Activité (PCA)

Sujet du présent ouvrage

Cet ouvrage contient une méthodologie de sélection d'une méthode d'analyse de risques ISO27005 en comparaison avec d'autres méthodes existantes. Cette sélection d'une méthode d'analyse est suivie d'une conduite de projet pour l'établissement d'un Système de Management de la Sécurité de l'Information (SMSI), en vue de la mise en place d'un Plan de Continuité d'Activités (PCA) visant à assurer la protection des informations d'une entreprise.

Résumé

De nos jours, la criticité des informations et leurs exigences de confidentialité, d'intégrité et de disponibilité sont telles qu'il est impossible pour une organisation d'avancer sans tenir compte des menaces, aussi soudaines qu'improbables, qui peuvent atteindre le fonctionnement même de l'entreprise. Je présente ici le travail d'analyse de risques sur le processus Système d'Informations d'ExemplePME, entreprise de 70 salariés leader mondiale dans son domaine. Cet exemple est réel et l'entreprise a fait l'objet d'une analyse de risque détaillée, fournie avec cet ouvrage. Cette démarche découle ensuite sur un plan de continuité d'activité (PCA) comprenant différentes mesures dont le but est d'assurer une protection la plus efficace possible des informations.

Cette analyse a été conduite selon la famille de normes ISO 27000, qui n'impose aucun formalisme dans l'application. C'est ainsi que j'ai décidé de créer mon propre outil d'analyse pouvant être réutilisé lors d'une éventuelle analyse future des autres processus de l'entreprise. Je vous partage donc ici le fruit de nombreux mois (années) de recherches à ce sujet et à son application en contexte réel.

Sommaire

Glossaire

AMDEC : *Analyse des Modes de Défaillance, de leurs Effets et de leur Criticité*
▪ Outil de gestion de qualité

CID : *Confidentialité, Intégrité, Disponibilité*
▪ Critères de sécurité de l'information

CRM : *Customer Relationship Management*
▪ Acronyme anglais de GRC (Gestion de la Relation Client).

EBIOS : *Expression des Besoins et Identification des Objectifs de Sécurité*
▪ Méthode d'analyse de risques créée par la DSSI

ERP : *Enterprise Ressource Planning*
▪ Acronyme anglais de PGI (Progiciel de Gestion Intégré)

LUN : *Logical Unit Number*
▪ Numéro d'unité logique d'un SAN

MEHARI : *MEthode Harmonisée d'Analyse de Risques*
▪ Méthode d'analyse de risques créée par le CLUSIF

ISO : *International Organization for Standardization*
▪ Organisation Internationale de Normalisation

OCR : *Optical Character Recognition*
▪ Reconnaissance Optique de Caractères

OCTAVE : *Operationally Critical Threat, Asset, and Vulnerability Evaluation*
▪ Méthode d'analyse de risques créée par l'université Canergie Mellon (US)

PCA : *Plan de Continuité d'Activité*
▪ Ensemble de mesures techniques et organisationnelles visant à assurer la continuité de l'activité

PDCA : Planifier, Déployer, Contrôler, Agir (Cycle d'amélioration continu)

PRA : *Plan de Reprise d'Activité*
▪ Ensemble de plan de secours visant à assurer la reprise partielle ou totale de l'activité.

RAID : *Redondancy Array of Independent Disks*
▪ Ensemble de combinaisons de disques servant à augmenter la capacité totale de stockage ou la sécurité des données.

RPO : Recovery Point Objective
▪ Point de retour antérieur lors du rétablissement d'un service

RTO : Recovery Time Objective
▪ Temps de retour à une situation dégradée ou normale après un sinistre

SAN : *Storage Area Network*
▪ Réseau de stockage, dont le principal avantage est de pouvoir 'simuler' des disques physiques sur un serveur alors que ces disques sont des unités logiques appartenant au SAN

SI : Systèmes d'Information

SMSI : Système de Management de la Sécurité de l'Information

WSUS : Windows Server Update Services
▪ Serveur de mise à jour pour clients Windows

Table des schémas

Avant-propos

Dans le texte les acronymes sont marqués de cette façon : ACRONYME

Ils renvoient tous au Glossaire situé en début d'ouvrage où leur signification est explicitée.

Pour toute demande d'information, suggestions ou pour obtenir les annexes et le kit d'analyse comprenant un exemple concret et un template vierge à compléter pour votre propre entreprise ainsi qu'un accompagnement personnalisé, merci de visiter notre site internet :

https://borntobeonline.fr/produit/analyse-de-risques/

Introduction

Suivre une méthodologie telle que la famille de normes ISO27000 permet de rester en phase avec les bonnes pratiques et d'éviter les écarts. Il est important de pouvoir s'appuyer sur un référentiel validé par un grand organisme de certification pour connaitre la direction vers laquelle nous nous dirigeons et confronter notre vision des choses avec les experts ayant contribuées à l'élaboration des normes.

Ce présent ouvrage est le véhicule vous permettant de rester sur cette voie en toute sérénité.

A notre époque où productivité et rendements sont indispensables à la survie d'une entreprise face à ses concurrents, la confidentialité, l'intégrité et la disponibilité des informations sont les 3 piliers de cette productivité. Au sein des organisations, les systèmes d'information jouent un rôle stratégique et il est indispensable d'établir des mesures visant à se prémunir des risques qui pourraient l'atteindre. Dans un contexte d'évolution constante, le système d'information doit évoluer avec l'entreprise et fournir une haute qualité de service rendu.

Cet ouvrage représente le travail fourni à la mise en place d'un plan de continuité d'activités d'un processus système d'informations, précédé d'une démarche d'analyse de risques, fondamentale pour l'élaboration de ce type de plan.

Chaque étape est expliquée et décryptée vous permettant d'appliquer pas-à pas la méthode à vos propres processus.

Premièrement, nous aborderons la notion de sécurité de l'information, indispensable à la compréhension des enjeux du projet. La notion de risque est également définie et présente les menaces auxquelles sont exposées les informations numériques et physiques. Je parlerai ensuite de l'importance de la prise en compte d'évènements passés qui auraient pu être, ou ont étés dramatiques pour la sécurité de l'information et pérennité de l'activité. Ensuite je décrirai les enjeux et les conséquences que peuvent engendrer une absence ou mauvaise gestion de ces menaces.

Nous évoquerons ensuite différentes méthodes existantes, leurs avantages et inconvénients, puis nous décrirons les étapes d'application de la norme ISO27005, puis de l'analyse de risque en elle-même via l'outil que j'ai moi-même développé.

II/ Constats et contexte

a) La sécurité de l'information

L'information se définit comme une communication, un échange, un message. Elle peut être écrite, entendue ou perçue. Elle se présente sous de nombreuses formes (image, texte, source sonore...)

Les processus d'une entreprise, cœur de son fonctionnement, doivent être capables de créer, traiter et échanger des informations. La valeur estimée d'une information peut être considérable (brevets, formules, secrets industriels) ou bien négligeable.

Or, qu'adviendrait-il si l'usage de l'information devenait difficile, voire impossible ? La survie même de l'entreprise serait remise en question...

b) Le risque

L'organisation est inévitablement exposée à des risques qui pourront nuire à la sécurité de l'information. Malheureusement, peu d'entreprises en prennent conscience jusqu'au moment où un sinistre se produit, mais à ce moment il est déjà trop tard...

Il est donc important de pouvoir se prémunir en amont contre ces risques. Mais avant toute chose, une identification et une détection concrète est primordiale afin de mettre en place une protection efficace et adaptée à chaque situation.

c) Les événements auxquels a été exposée la société « ExemplePME »

Durant ses 30 années d'existence, ExemplePME a subi divers événements qui auraient gravement pu nuire à son fonctionnement, et notamment ces trois dernières années :

- Deux véhicules incendiés sur le parking suite à des actes de vandalisme; heureusement, l'incendie ne s'est pas propagé au bâtiment.
- Durant une nuit au climat météorologique très agité, la chute d'un arbre a paralysé l'accès aux livraisons durant une journée, entrainant des retards de livraison.
- Et plus récemment, une fuite sur la toiture a permis à l'eau de s'infiltrer jusque dans la salle serveur. Heureusement l'écoulement aboutissait juste devant la baie de brassage, il n'y a pas eu de dégâts sur l'infrastructure informatique, mais le pire aurait pu se produire.
- Une panne de la climatisation dans la salle informatique a engendré la perte du serveur qui réalisait les sauvegardes sur bandes (due à la surchauffe).

Face à ces constatations, il est certain que le risque n'est pas seulement une notion abstraite, mais bel et bien une menace pesant en tout temps sur l'organisation, de manière aléatoire et inattendue.

b) Coût des pertes probables

Un projet de mise en place d'un PCA n'est pas un apport en terme de fonctionnalités pour le système d'information, il n'apporte pas de nouveautés ou ne répond pas à un besoin de la part des utilisateurs ou des clients. Ce projet permet de protéger l'organisation contre les menaces et de maintenir l'information viable et exploitable quelles que soient les circonstances.

Ainsi, nous ne raisonnerons pas en termes de budget pour arriver à un résultat escompté, mais en termes de pertes probables, et de coûts qu'elles peuvent engendrer si un scénario d'incident se produit. Puis, en fonction du budget alloué au projet, vous devrez choisir de couvrir certains risques mais pas d'autres, dont le coût de mise en œuvre d'une mesure de sécurité est démesuré face au niveau de risque. (Probabilité d'occurrence faible)

Calculons le coût des événements auxquels a été exposée la société ExemplePME en supposant, pour certains scénarios, un déroulement moins heureux :

Chiffre d'Affaires 2012 : 13 M€. CA/h ouvrée : 6250€ (sur une base de 8h ouvrées par jour sur 52 semaines)

- **Deux véhicules incendiés sur le parking, pas de conséquences sur la société**

Supposition plus dramatique : l'incendie se propage au bâtiment

→ Conséquences dramatiques : De 50k€ de dégâts jusqu'à la destruction totale du bâtiment, provoquant ainsi l'arrêt définitif de l'activité de l'entreprise.

- **En 2009, chute d'un arbre sur le bâtiment bloquant l'accès aux livraisons durant 1 journée**

Supposition plus dramatique : Accès bloqué durant 1 semaine.

→ Retards de livraisons dus à l'augmentation du temps de traitement des commandes (utilisation d'une autre issue), perte de crédibilité auprès des clients, annulations de commandes.
→ Perte de 10% de CA par heure, 625€/h. Soit 25 k€ pour la semaine.

- **Ecoulement d'eau dans la salle serveurs, aucun équipement touché.**

Supposition plus dramatique : fuite au-dessus de la baie (touchant les équipements présents dans la baie)

Eléments impactés : switchs, 1 lecteur de bandes contenant les sauvegardes, serveurs dont le serveur de messagerie.

→ Dégâts matériels estimés : 30 000€
→ Rachat de matériel équivalent : 30 000€
→ Main-d'œuvre quant à la réinstallation et la remise en place de l'infrastructure

➔ Ralentissement de l'activité dû à ces pertes informatiques : une perte allant de 30% du CA par heure due au ralentissement de l'activité à 100% (tout le système d'information paralysé)

➔ Coût total estimé : de 100 000€ jusqu'à beaucoup plus selon l'infrastructure et la durée d'indisponibilité

- **Panne de la climatisation dans la salle serveurs provoquant la panne d'un serveur d'administration du domaine et du lecteur de bandes de sauvegardes.**

<u>Supposition plus dramatique</u> : Un serveur plus critique est touché (hébergeant l'ERP, les mails ou la téléphonie)

➔ Dégâts matériels : 2000€

➔ Rachat matériel : 2000€

➔ Main-d'œuvre quant à la réinstallation et la remise en place de l'infrastructure

➔ Indisponibilité services pendant minimum 2jours : de 10k€ à 50k€ suivant la période et le type de service impacté

Ignorer la présence de risques peut avoir une conséquence dramatique sur les enjeux et la pérennité de l'entreprise

c) Enjeux

Pour l'entreprise :

Proposer des solutions visant à réduire les risques est une démarche plus que nécessaire face à l'ampleur que peuvent prendre ceux-ci. Toute l'organisation est ainsi exposée, à des niveaux de criticité différents, mais l'ensemble du système d'information de l'entreprise doit être protégé. L'image de la société peut être entachée si son attitude face à une situation est inadaptée. Le coût directement engendré par la menace étant déjà important, il faudrait que l'entreprise affronte par la suite les conséquences d'une mauvaise image auprès de la clientèle ou des fournisseurs.

Pour les fournisseurs :

Des incidents dus à la non-qualité d'un système d'information peuvent engendrer une perte de confiance des fournisseurs envers l'entreprise, ou être le reflet d'un manque de sérieux. Ils peuvent ainsi être amenés à choisir de ne plus travailler avec ExemplePME. Perdre un fournisseur est un évènement dramatique pour une entreprise, d'autant plus pour une TPE/PME, et l'obligation de stopper la commercialisation des produits qui dépendaient du fournisseur si un autre équivalent n'est pas trouvé.

Pour les clients :

Tout comme les fournisseurs, un événement impactant les processus de l'entreprise et perturbant son fonctionnement peut engendrer une interrogation des clients sur le sérieux de l'entreprise. Le lien de confiance qui existait entre l'acheteur et son revendeur est alors malmené ou rompu. La satisfaction client est la base même du fonctionnement d'une entreprise.

III/ Choisir une méthode d'analyse de risques

a) Critères de choix

Les critères de choix d'une méthode d'analyse des risques sur laquelle il est possible de se reposer pour réaliser une étude soi-même sont les suivants :

• L'origine géographique de la méthode, la culture du pays jouant beaucoup sur le fonctionnement interne des entreprises et leur rapport au risque.
• La langue de la méthode ; il est essentiel de maîtriser le vocabulaire employé.
• L'existence d'outils en facilitant l'utilisation.
• La qualité de la documentation.
• La facilité d'utilisation et le pragmatisme de la méthode.
• La compatibilité avec une norme nationale ou internationale.
• Le coût de la mise en œuvre.
• La quantité de moyens humains qu'elle implique et la durée de mobilisation.
• La taille de l'entreprise à laquelle elle est adaptée.
• Le support de la méthode par son auteur, une méthode abandonnée n'offre plus la possibilité de conseil et de support de la part de son éditeur.
• Sa popularité, une méthode très connue offre un réservoir de personnels qualifiés pour la mettre en œuvre.

b) Méthodes existantes et reconnues

Il existe différentes méthodes reconnues. Nous allons en décrire brièvement 4.

1. MEHARI : (MEthode Harmonisée d'Analyse de Risques)

Cette méthode a été développée par le CLUSIF (Club de la Sécurité de l'Information Français) Elle existe en plusieurs langues. Sa base de connaissances est disponible gratuitement mais son logiciel de gestion (Risicare) est payant.

La base de connaissance est très complète (et très volumineuse et complexe). Les risques sont classifiés par catégories renvoyant à d'autres catégories de risques. La profondeur et la précision d'analyse est trop importante pour une structure de taille petite/moyenne.

2. EBIOS : (Expression des Besoins et Identification des Objectifs de Sécurité)

Développée par la DCSSI (Direction centrale de la sécurité des systèmes d'information)
La base de connaissances, la documentation et le logiciel sont gratuits.

Cette méthode semble assez complexe à mettre en œuvre mais dans une moindre mesure que MEHARI.

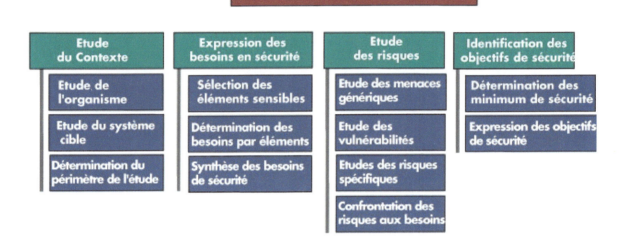

3. OCTAVE : (Operationally Critical Threat, Asset, and Vulnerability Evaluation)

Développée par le CERT (Groupe de recherche de l'université américaine Carnegie Mellon sur la sécurité informatique)

Pas de logiciel de gestion et les documents servant de référence sont en anglais uniquement.

4. La norme ISO 27005

La norme ISO27005 contient des lignes directrices relatives à la gestion de risque en sécurité de l'information. En effet, elle conduit à l'identification, l'appréciation et le traitement des risques de sécurité.

Cette norme est l'une des plus importantes de la famille ISO 27001.

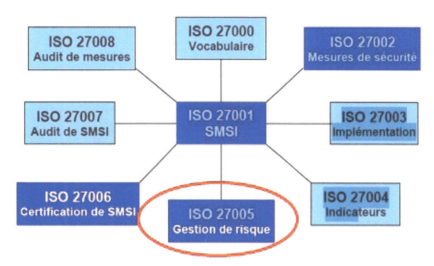

Figure 1 – Normes de la famille ISO 27001

La norme ISO 27001 fournit un modèle pour :
- l'établissement
- la mise en œuvre
- le fonctionnement
- la surveillance
- le réexamen
- la mise à jour et l'amélioration

...d'un Système de Management de la Sécurité de l'Information (SMSI).

Elle encourage également l'adoption d'une approche processus métiers pour la mise en place d'un SMSI. En effet, tout organisme doit identifier et gérer de nombreuses activités de manière à assurer un fonctionnement efficace. Toute activité utilisant des ressources et gérée de façon à permettre la transformation d'éléments d'entrée en éléments de sortie peut être considérée comme un processus.
« L'approche processus » désigne l'application d'un système de processus au sein d'un organisme, ainsi que l'identification, les interactions et le management de ces processus.

Les normes ISO 27001 et 27005 adoptent le cycle d'amélioration continue PDCA (Planifier, Déployer, Contrôler, Agir).

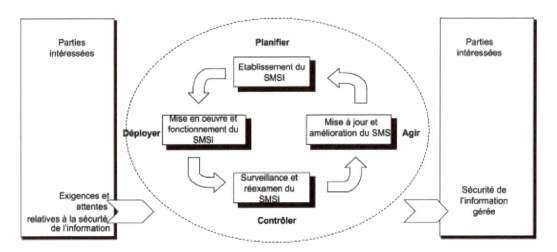

Modèle PDCA appliqué aux processus SMSI

Planifier (établissement du SMSI)	Etablir la politique, les objectifs, les processus et les procédures du SMSI relatives à la gestion du risque et à l'amélioration de la sécurité de l'information de manière à fournir des résultats conformément aux politiques et aux objectifs globaux de l'organisme.
Déployer (mise en oeuvre et fonctionnement du SMSI)	Mettre en œuvre et exploiter la politique, les mesures, les processus et les procédures du SMSI.
Contrôler (surveillance et réexamen du SMSI)	Evaluer et, le cas échéant, mesurer les performances des processus par rapport à la politique, aux objectifs et à l'expérience pratique et rendre compte des résultats à la direction pour réexamen.
Agir (mise à jour et amélioration du SMSI)	Entreprendre les actions correctives et préventives, sur la base des résultats de l'audit interne du SMSI et de la revue de direction, ou d'autres informations pertinentes, pour une amélioration continue dudit système.

Figure 2 – Cycle PDCA de la norme ISO 27001

Cette méthode, également appelée Roue de Deming, permet d'améliorer sans cesse la qualité d'un produit, service, ou d'un processus.

Grâce à cette remise en cause permanente des procédures établies, il est possible d'améliorer davantage la qualité.
Le maintien d'un niveau de qualité élevé est également assuré par cette méthode lorsque le processus analysé évolue.

c) Tableau comparatif des méthodes

Méthode	Origine	Langue	Logiciel	Communauté	Compatibilité	Coût	Moyens humains	Support, popularité	Par rapport à la structure d'ExemplePME
MEHARI	France	FR, EN	Oui (payant)	Forum	ISO 27001	Elevé	Elevé	Méthode reconnue, mais peu de support	Méthode complexe et difficile à mettre en œuvre
EBIOS	France	FR	Oui (gratuit)	Non	ISO 13335, 15408, 17799	Moyen	Modéré	Méthode reconnue mais peu de support	Méthode un peu plus abordable mais reste complexe
OCTAVE-S (Pour organismes de moins de 100 personnes)	USA	EN	Non	Non	NC	Moyen	Important dus à l'absence de logiciel	Méthode reconnue aux Etats-Unis et Canada, mais peu de support	Méthode qui semble la plus adaptée, mais pas de logiciel de gestion
ISO 27005	Int.	EN, FR	Non	Non	ISO 27001	Moyen	Modéré	Méthode portée par un grand organisme de certification	Méthode la plus souple, car n'impose pas de méthodologie à proprement parler.

La norme ISO27005 : plus documentée et plus souple, elle est davantage adaptable au entreprises de taille modeste (TPE, PME) bien qu'elle soit valable pour toutes les tailles d'organisations.

De plus, la méthode ISO27005 est largement plébiscitée au sein des entreprises, mais elle n'impose aucun formalisme quant à son application, ainsi son utilisation concrète pour une démarche d'analyse peut être assez floue et déroutante.

J'ai donc créé un outil permettant de rester en accord avec les préconisations de la norme et permettant une application facilitée que je vais vous décrire dans les pages suivantes.

d) Démarche d'application du kit d'analyse de risques

Voici les différentes étapes de conduite d'analyse décrits dans la norme ISO 27005 :

ISO 27005

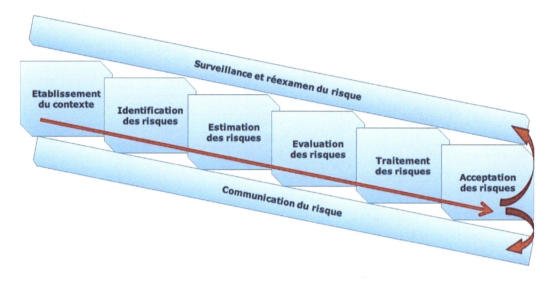

Figure 3 – Les différentes phases de la norme ISO 27005

1ère étape : **Etablissement du contexte**

Entrée : toutes les informations relatives à l'organisme permettant l'établissement du contexte de la gestion du risque en sécurité de l'information

● Considérations générales :

Rassemblement de toutes les informations nécessaires à l'analyse, détermination de l'objectif de la gestion du risque en sécurité de l'information (dans notre cas : établissement d'un PCA)

● Critères de base :

Détermination des ressources nécessaires à l'analyse
Détermination des différents critères :

- Critères d'évaluation du risque
- Critères d'impact
- Critères d'acceptation du risque

● Détermination du domaine d'application et des limites de la gestion du risque en sécurité de l'information

Sortie : La spécification des critères de base, le domaine d'application et les limites et l'organisation dédiée au fonctionnement processus de gestion du risque en sécurité de l'information

2ème étape : **Identification des risques**

• Identification des actifs primordiaux et secondaires de l'entreprise. Un « actif » représente tout élément ayant de la valeur pour l'organisme.

> Entrée : Domaine d'application et limites de l'appréciation du risque à effectuer, liste des composants avec les propriétaires, emplacement, fonction, etc.
> Sortie : Liste des actifs dont les risques sont à gérer et liste des processus métier relatifs aux actifs et leur pertinence.

• Identification des menaces : à partir du réexamen des incidents passés, des actifs et des utilisateurs, ainsi que des catalogues de menaces externes.

> Entrée : Informations relatives aux menaces obtenues grâce au réexamen des incidents, aux propriétaires des actifs, aux utilisateurs et à d'autres sources, y compris des catalogues de menaces externes.
> Sortie : Liste des menaces avec identification du type et de la source de la menace

• Identification des vulnérabilités

> Entrée : Liste des menaces connues, liste des actifs et des mesures de contrôle existantes
> Sortie : Liste des vulnérabilités liées aux actifs, aux menaces et aux mesures de sécurité. Liste des vulnérabilités qui ne sont pas liées à une menace identifiée pour réexamen

• Identification des mesures de sécurité existantes

> Entrée : Documentation relative aux mesures de sécurité, plans de traitement du risque
> Sortie : Liste de toutes les mesures de sécurité existantes et prévues, l'état relatif à leur mise en œuvre et à leur utilisation

• Identification des conséquences

> Entrée : Liste des actifs, liste des processus métier et liste des menaces et vulnérabilités, le cas échéant, liées aux actifs et leur pertinence.
> Sortie : Liste des scénarios d'incident et de leurs conséquences liées aux actifs et aux processus métier

3ème étape : **Estimation des risques**

Entrée : Liste de scénarios d'incident pertinents identifiés, incluant l'identification des menaces, vulnérabilités, actifs altérés, conséquences pour les actifs et les processus métier.

● Estimation qualitative : Ampleur des conséquences potentielles, ainsi que probabilité d'occurrence
● Estimation quantitative : Echelle numérique associée à l'estimation qualitative
● Estimation du niveau de risque : combinaison entre occurrence (vraisemblance) et conséquences potentielles

Sortie : Liste des conséquences d'un scénario d'incident appréciées et exprimées en cohérence avec les actifs et à leur utilisation

4ème étape : **Evaluation des risques**

Entrée : Liste des risques avec la valeur du niveau du risque

● Evaluation du risque

Sortie : Liste des risques classés par ordre de priorité selon les critères d'évaluation du risque en relation avec les scénarios d'incident qui conduisent à ces risques

5ème étape : **Traitement des risques**

Entrée : Liste des risques classés par ordre de priorité selon les critères d'évaluation du risque en relation avec les scénarios d'incident qui conduisent à ces risques

● Choix de traitement du risque :

- Réduction du risque
- Maintien du risque
- Refus (évitement) du risque
- Transfert du risque

Sortie : Plan de traitement des risques soumis à la décision d'acceptation des dirigeants de l'organisme

6ème étape : **Acceptation des risques**

Entrée : Plan de traitement du risque et risques résiduels soumis à la décision d'acceptation des dirigeants de l'organisme

• Acceptation/refus des risques et acceptation de cette décision en l'enregistrant formellement

Sortie : Liste des risques acceptés et justification pour les risques ne remplissant pas les critères normaux d'acceptation du risque de l'organisme

7ème étape : **Communication des risques**

Entrée : Ensemble d'informations relatives aux risques issues de l'activité de gestion du risque en sécurité de l'information.

• Communication et partage des informations relatives aux risques entre le décideur et les autres parties prenantes

Sortie : Compréhension permanente du processus et des résultats de la gestion du risque en sécurité de l'information

8ème étape : **Surveillance et réexamen des risques**

Entrée : Ensemble des informations obtenues grâce aux activités de gestion du risque

• Surveiller, réexaminer et améliorer les processus de gestion du risque et de manière appropriée, en visant l'amélioration continue. (Conformité avec le cycle PDCA)

Sortie : Pertinence permanente du processus de gestion du risque avec les objectifs de l'organisme ou mise à jour du processus

IV/ Définition d'un projet d'établissement d'un PCA

a) Objectif

Votre projet a pour objectif d'élaborer un Plan de Continuité d'Activités (PCA) découlant d'une analyse de risques concrète grâce à ce kit qui vous permettra de respecter les préconisations de la famille de normes ISO27000

Le PCA défini tous les moyens humains, techniques et d'organisation permettant la continuité d'activité d'une entreprise après un sinistre, ou une panne.

Il permettra de mettre en place des mesures de prévention et de détection du risque, puis des plans de secours. Cet ensemble de procédures vise à ne pas être pris au dépourvu lorsqu'un évènement survient, et de pouvoir réagir de la bonne façon pour maintenir l'activité du processus de l'entreprise / entité.

Il est indispensable de prendre en compte les éventuels risques auxquels est exposée l'organisation. Suivant l'occurrence et la gravité de ceux-ci, les impacts peuvent tout autant être négligeables que catastrophiques.

Voici la façon dont un PCA se décompose :

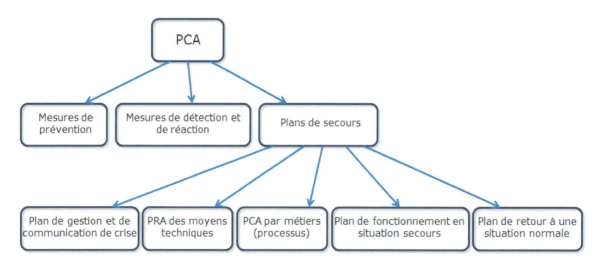

Figure 4 – Eléments d'un PCA

<u>Mesures de prévention</u> : Permettent de réduire la probabilité d'occurrence d'une défaillance

<u>Mesures de détection et de réaction</u> : Permettent de mettre en place des moyens afin d'être avertis au plus tôt et de pouvoir adopter la bonne attitude face à un risque ou à une défaillance

<u>Plans de secours</u> : Ensemble de plans visant à s'organiser efficacement et maintenir l'activité lorsqu'un sinistre survient. (le risque 0 n'existe pas)

- <u>Plan de gestion et de communication de crise</u> : Il répond aux questions suivantes :
  - Qui doit faire quoi ? Comment ?
  - Quelle démarche suivre pour faire face à l'évènement ?
  … grâce à des procédures formalisées et des actions prêtes à être exécutées.

- <u>Plan de Reprise d'Activités des moyens techniques</u> : Parce qu'aucun équipement n'est à l'abri d'une panne, le PRA des moyens techniques définit les procédures à activer afin de rétablir un fonctionnement dégradé ou total.

- <u>PCA par processus métier</u> : PCA propre à chaque processus, adapté à la situation rencontrée

- <u>Plan de fonctionnement en situation secours</u> : Lorsqu'un rétablissement total n'est pas possible, ce plan définit les modalités de fonctionnement en mode « dégradé » (ralentissement de l'activité, ou situation temporaire)

- <u>Plan de retour à une situation normale</u> : Permet de définir les moyens à mettre en place pour passer d'une situation dégradée à un fonctionnement normal.

b) Positionnement du PCA dans la démarche ISO 27005

La mise en place du PCA vient à la fin de la démarche d'analyse, soit après l'étape d'acceptation des risques validée par la direction.

La conduite de l'analyse ISO 27005 va me permettre d'identifier les risques auxquels est exposée la société. Ensuite, des plans de traitements adaptés seront élaborés en fonctions des contraintes budgétaires, temporelles et organisationnelles.

c) Les possibilités de la méthode

La norme ISO 27005 **a été créée pour s'appliquer à l'ensemble des processus d'une entreprise**. Ainsi, il est tout à fait possible de coordonner un projet d'ensemble impliquant les responsables de chaque processus.

Cependant, ce type d'analyse globale prend nécessite une grande implication et des ressources nombreuses. En effet, les préoccupations de l'entreprise sont généralement focalisées sur la fabrication, le développement et la vente de nouveaux produits et les différents acteurs sont rarement disposés, faute de temps, à participer à une telle démarche. L'implication de la direction de l'entreprise est importante à ce niveau, afin d'expliquer en quoi la démarche est essentielle à la pérennité de l'activité.

Ce processus concerne globalement les ressources informatiques et de téléphonie (fixe et mobile) permettant aux collaborateurs de s'échanger des informations et de communiquer avec nos fournisseurs ou clientèle.

d) L'énorme importance du processus 'Système d'Informations'

> De façon générale, tous les processus d'une entreprise / organisation sont en amont et aval du processus SI.

En effet le système d'informations vient en appui, en support à tous les autres processus de l'entreprise permettant ainsi le partage efficace d'informations inter ou intra-processus et étant l'unique vecteur de circulation des flux de travail.

Par conséquent, lors d'une étude, il est nécessaire de prendre en compte les éventuels impacts sur les autres processus lorsqu'un incident sur le processus « SI » survient.

De même, vous devrez identifier les risques qui influent sur le processus SI via les autres processus amont.

e) Variables et contraintes

<u>Temporelles</u> : Définissez une date butoir pour la fin de votre projet (Lorsqu'on se donne un objectif, il est plus facile de l'atteindre)

<u>Financières</u> : Budget alloué au projet :

- Ressources humaines nécessaires pour la durée du projet
- Heures à consacrer par les différents responsables de processus
- Budget alloué aux solutions à mettre en place pour couvrir les scénarios d'incident.

Suite à la conduite de l'analyse de risque, certains risques peu probables vont être identifiés (ex : catastrophe naturelle de grande ampleur). Ces risques peuvent avoir des conséquences importantes mais leur probabilité d'apparition est faible.

Ils peuvent tout à fait être traités complètement mais les solutions associées engendreront une dépense très élevée. (Exemple : Redondance en temps-réel sur un autre site géographiquement éloigné)

Ainsi, certaines entreprises de petites et moyennes tailles ne pourront pas couvrir entièrement tous les scénarios d'incidents.

<u>Sociales/Organisationnelles</u> : Implication des responsables de processus pour la phase d'analyse de risques.

L'implication de tout le personnel débutera lorsque les procédures écrites et les démarches à respecter seront établies. Ils devront en prendre connaissance, notamment pour les sensibiliser au risque informatique.

f) Performance attendue et principaux apports

Le PCA doit permettre :

- D'avoir des procédures clairement définies adaptées aux risques rencontrés (si vous choisis de les traiter)
- De ne pas être pris au dépourvu lorsqu'un incident survient
- D'identifier les vulnérabilités et de mettre en place des solutions (techniques, organisationnelles, humaines) afin de les traiter.
- De garantir l'intégrité, la viabilité de l'information et le bon fonctionnement du processus Système d'information.

Des procédures précises seront donc définies, et devront être suivies lorsqu'un sinistre ou une situation inhabituelle survient.

Objectif : rétablir partiellement ou totalement le service impacté dans le temps imparti défini dans la procédure associée à la situation rencontrée.

g) Indicateurs

Pour vérifier l'efficacité de cette approche, mettre en place des indicateurs de disponibilité des ressources appartenant au processus Système d'Informations est recommandé.

Ces indicateurs sont de diverses natures :

Indicateurs de disponibilité par service :

$$\frac{Nombre\ d'heures\ ouvrées - Nombre\ d'heures\ indisponibilité\ du\ service}{Nombre\ total\ d'heures\ ouvrées}\ \%$$

Indicateurs de disponibilité pondérés par service :

$$\frac{Nombre\ d'heures\ ouvrées - (Nombre\ d'heures\ indisponibilité\ du\ service \times poids)}{Nombre\ total\ d'heures\ ouvrées}\ \%$$

Ajouter un poids aux services jugés critiques va nous permettre d'avoir un indicateur plus représentatif sur les pénalités causées par l'indisponibilité.

Exemple : Emission/Réception d'emails impossible, mais accès aux emails déjà reçus/envoyés possible.
8 heures de pannes x 0.5 (poids) = 4 heures réelles

→ Il y a toujours la possibilité de contacter les clients/fournisseurs grâce au téléphone, donc le poids est ajusté en conséquence.

Indicateurs de fréquence : Nombre d'occurrences de la menace ou de la panne.

Cet indicateur nous permet d'identifier les processus « à risques » les plus susceptibles de subir une défaillance.

Indicateurs de réexamen/amélioration :

Collecte de réclamations auprès des utilisateurs, leur ressenti et leurs suggestions via un enquête de satisfaction.
Analyse des indicateurs de disponibilité et de fréquence. Consignation des changements intervenant sur le SI, pouvant générer une nouvelle analyse de risques.

h) Acteurs du projet

Responsable du projet : Définir le directeur du projet (ex : RSSI, IT manager…), MOA

Rôle et missions :

- Garant du projet (planning, jalons, délais)
- Garant de la qualité, animation de réunions d'information, brainstorming.
- Garant de l'analyse de risques, et de l'élaboration d'un plan de traitement
- Etude de solutions techniques, organisationnelles et humaines
- Rédaction des procédures / documentation
- Garant de faire vivre le projet après l'analyse et après la définition du PCA

Partenaires du projet : Définir les partenaires du projet (ex : Chefs de service, acteurs de niveau fonctionnel, Financier, Service qualité…)

Rôle et missions : participation à toutes les phases du projet. Apportent un point de vue métier que n'aurait pas le Directeur du projet et apportent des pistes sur les risques auxquels ils peuvent être exposés.

Fournisseurs (MOE): Certaines tâches du projet peuvent être déléguées, comme la mise en place de solutions techniques post-analyse.

V / L'analyse de risques

Le kit d'analyse utilise de nombreux termes qu'il est nécessaire d'expliciter. Ce vocabulaire sera expliqué au fur et à mesure qu'il apparait dans cette section.

a) Etablissement du contexte

La première étape consiste à définir les critères de base à l'analyse. C'est-à-dire les critères qui nous permettront ensuite de quantifier l'**impact** d'un risque en sécurité de l'information.

1. Critères d'impact

<u>Critères d'impact bas-niveau</u> : impact de la perte ou de l'atteinte d'un critère de sécurité

Critères d'impact (ISO27005 - 7.2 : Critères de base)				
Confidentialité	Intégrité	Disponibilité	Valeur	
L'information peut être rendue publique	Pas de validation de l'information Peut ne pas être intègre	Peut être indisponible (> 3 jours)	Faible	1
L'information est restreinte à l'entreprise	Simple validation possible Doit être partiellement intègre	Peut être indisponible durant 1 à 3 jours	Moyen	2
L'information est restreinte à une équipe	Validation croisée Doit être intègre	Ne doit pas être indisponible plus d'1 jour	Elevé	3
L'information est restreinte à une personne	Validation triple Doit être parfaitement intègre	Aucune indisponibilité tolérée	Très élevé	4

Figure 5 – Critères d'impact

Dans le tableau ci-dessus, les 3 critères de sécurité (**Confidentialité, Intégrité, Disponibilité**, *on les appellera CID par la suite*) sont évalués en fonction des exigences de sécurité. Nous avons choisi dans notre exemple avec la société ExemplePME une échelle qualitative, allant de 1 (Faible) à 4 (Très élevé). Le choix du type d'échelle (qualitatif, ou quantitatif : par exemple, perte financière chiffrée) n'est pas imposé par la norme ISO27005, et la granularité non plus. Il est donc possible de choisir une échelle aussi précise que vous le souhaitez.

Nous choisissons ici une échelle allant de 1 à 4 car elle répond à un besoin de précision suffisant, tout en limitant l'alourdissement de l'analyse qu'aurait pu engendrer une granularité plus importante. Ainsi pour chaque valeur (1 à 4), une exigence de sécurité est notée face au critère de sécurité impacté.

Critères d'impact haut-niveau : vis-à-vis de l'organisme, du processus métier

Mesure des conséquences					
Financières	Juridiques	Commerciales	Activité	Image	Valeur
Perte financière faible ou nulle	Perte juridique faible ou nulle	Détérioration de la relation client	Perte de productivité	Perte en terme d'image faible ou nulle	Faible — 1
Perte financière modérée	Amende faible/moyenne (≤ 5% du CA)	Perte de contrat, d'opération ou de transaction	Temps d'arrêt de l'activité court	Mention négative ponctuelle dans un média local	Moyen — 2
Perte financière significative	Amende importante (≥ 5% du CA)	Perte de client	Temps d'arrêt de l'activité long	Mention négative ponctuelle dans plusieurs médias importants, Clients/Fournisseurs méfiants	Elevé — 3
Perte financière jugée inacceptable	Poursuites, condamnations	Perte d'un groupe de client ou d'un grand projet	Reprise de l'activité impossible	Mention négative reprise dans différents médias, polémique négative durable, Client/Fournisseurs apeurés	Très élevé — 4

Figure 6 – Echelle de mesure des conséquences

Le tableau ci-dessus montre l'échelle des conséquences (échelle libre, ici qualitative de valeur 1 à 4) d'une atteinte à la sécurité de l'information en termes financiers, juridiques, commerciaux, et en terme d'activités et d'image de l'entreprise.

Lors de la suite de notre analyse, nous ne prenons pas en compte ces critères d'impact de haut niveau. Ces critères doivent entrer en jeu dans une démarche plus globale, où tous les processus de l'entreprise sont analysés. On étudie alors les différents risques associés à l'atteinte en sécurité d'un processus, et on en déduit les conséquences de haut niveau sur l'organisme lui-même. Pour ne pas alourdir l'analyse, nous avons fait le choix d'**exprimer l'impact d'un incident de façon explicite**, avec une description de la conséquence de l'incident sur l'activité de l'entreprise. Nous tenons uniquement compte des critères de bas-niveau dans notre analyse.

2. Critères d'évaluation des risques

Critères d'évaluation des risques																	
		Faible (peu probable)				Moyenne (Possible)				Elevée (Probable)				Très elevée (très probable)			
Vraissemblance d'un scénario d'incident		1				2				3				4			
Détectabilité d'un scénario d'incident *de valeur 1 (détection simple et efficace) à 4 (détection difficile / approximative)*		1	2	3	4	1	2	3	4	1	2	3	4	1	2	3	4
Impact maximal en terme de **Confidentialité, Intégrité, Disponibilité** (CID)	3	5	6	7	8	6	7	8	9	7	8	9	10	8	9	10	11
	4	6	7	8	9	7	8	8	10	8	9	10	11	9	10	11	12
	5	7	8	9	10	8	9	10	11	9	10	11	12	10	11	12	13
	6	8	9	10	11	9	10	11	12	10	11	12	13	11	12	13	14
	7	9	10	11	12	10	11	12	13	11	12	13	14	12	13	14	15
	8	10	11	12	13	11	12	13	14	12	13	14	15	13	14	15	16
	9	11	12	13	14	12	13	14	15	13	14	15	16	14	15	16	17
	10	12	13	14	15	13	14	15	16	14	15	16	17	15	16	17	18
	11	13	14	15	16	14	15	16	17	15	16	17	18	16	17	18	19
	12	14	15	16	17	15	16	17	18	16	17	18	19	17	18	19	20

Figure 7 – Critères d'évaluation des risques

Le tableau précédent résume le niveau d'un risque en fonction des différents critères d'évaluation.

La valeur d'un risque est définie par la somme de :

- Ses valeurs des critères CID (Confidentialité, Intégrité, Disponibilité)
- Sa valeur d'occurrence (ou vraisemblance)
- Sa valeur de détectabilité (le risque est-il facilement repérable ?)

Je parlerais davantage des notions de vraisemblance et de détectabilité dans la partie V/ c). Ces deux critères ont également étés évalués avec une échelle (*libre*) qualitative allant de 1 à 4.

L'impact maximal en termes de CID est exprimé de 3 à 12, puisque chacune des 3 valeurs CID peuvent prendre une valeur allant de 1 à 4.

Le niveau de risque dans notre exemple s'étale donc de 5 à 20.

Les couleurs du tableau (vert, jaune, rouge) représentent le niveau de classification du risque, dont je vais parler ci-dessous.

3. Critères d'acceptation du risque

Critères d'acceptation du risque			
	Niveau de risque		Acceptation
Risque faible	5	- 8	Oui
Risque moyen	9	- 12	Non
Risque elevé	13	- 20	Non

Figure 8 – Critères d'acceptation du risque

Une fois le risque quantifié (de 5 à 20) selon le tableau précédent, nous devons définir si il est acceptable ou non. Ainsi, nous avons choisis de dire qu'un risque de niveau 5 à 8 est acceptable, et non-acceptable s'il est supérieur à 9.

Pour les risques faibles (verts), nous déciderons donc de maintenir le risque.

Pour les risques moyens (jaunes) et élevés (rouges), nous devrons trouver un plan de traitement.

b) Identification des risques

1. Identification des actifs

(Référence dans la norme ISO 27005 : 8.2.1.2 : Identification des actifs)

Un actif représente tout élément ayant de la valeur pour l'organisme, et nécessitant, par conséquent, une protection. Il convient de garder à l'esprit qu'un système d'information ne comprend pas uniquement du matériel et des logiciels.

Il est possible de distinguer deux types d'actifs :

- Les actifs primordiaux
  - Processus et activités métier
  - Informations
- Les actifs en support (sur lesquels reposent les actifs primordiaux)
  - Matériel
  - Logiciels
  - Réseau
  - Personnel
  - Site
  - Structure de l'organisme

Voici la liste des actifs primordiaux identifiés pour notre exemple :

Processus "Système d'Informations"
Actif : tout élément représentant de la valeur pour l'organisme (ISO27005 : 8.2.1.2 : Identification des actifs)

0. Liste des actifs primordiaux (ISO27005 – Annexe B : B.1.1)	
Actifs primordiaux	Commentaires
Processus Système d'Informations	Tous les actifs nécéssaires au fonctionnement normal du Processus "Système d'Informations"
Processus de communication	Tous les actifs permettant de communiquer, en interne ou externe à la société
Processus de sauvegarde	Tous les actifs nécéssaires à la préservation des informations sensibles
Informations numériques	Tous les actifs permettant le traitement, le stockage de données immatérielles
Informations physiques	Tous les actifs permettant le traitement, le stockage de données physiques

Figure 9 – Liste d'actifs primordiaux

Ensuite, pour chaque actif primordial (bleu foncé), j'identifie une liste d'actifs en support. Un actif en support peut être inclus dans différents actifs primordiaux. Le tableau ci-dessous montre la liste d'actifs en support à l'actif primordial « Informations numériques »

Actifs	Propriétaire(s)
Informations numériques	Administrateurs
Serveurs (CPU, carte mère, RAM)	Administrateurs
Disques durs	Administrateurs
Logiciels	Administrateurs
Supports physiques transportables (clé USB, bandes	Administrateurs
Administrateurs	Administrateurs
Utilisateurs	Utilisateurs
Ordinateurs fixes	Utilisateurs
Ordinateurs portables	Utilisateurs

Figure 10 – Exemple d'actifs en support d'un actif primordial

La notion de propriétaire est définie dans la norme ISO27005 (8.2.1.2 – Identification des actifs) comme :

« Il convient d'identifier le propriétaire de chaque actif afin d'en assurer la responsabilité. Le propriétaire de l'actif peut ne pas jouir de droits de propriété sur l'actif mais est responsable de sa production, de son développement, de sa maintenance, de son utilisation et de sa protection selon le cas. Le propriétaire de l'actif est souvent la personne la plus à même de déterminer la valeur qu'il représente pour l'organisme »

Nous avons identifié au total **41 actifs**. (5 primordiaux, 36 en support)

2. Echelle de valorisation des actifs

(Référence dans la norme ISO 27005 : 8.2.2.2 : Appréciation des conséquences, Annexe B.2)

Chaque actif ne possède pas la même valeur pour l'entreprise. En effet, il faut déterminer la valeur qu'il représente pour l'organisme en lui affectant différents critères de valorisation.

Les critères de valorisation ne sont pas imposés par la norme, et l'échelle de valeur non plus. Ainsi, pour chaque critère, nous avons choisi d'utiliser une échelle qualitative allant de 1 (Faible) à 4 (Très élevée).

Nous avons choisi de valoriser les actifs avec les critères suivants :

- Difficulté de remplacement
- Coût d'achat
- Coût de maintenance
- Niveau de compétences nécessaires à son maintien / remplacement
- Valeur intrinsèque pour l'entreprise (poids : 2)

Nous avons également attribué un poids plus important aux critères de valeur perçus par l'entreprise car certains actifs peu coûteux et faciles à maintenir peuvent représenter une grande valeur.

Ce qui nous permet d'établir l'échelle de valorisation suivante :

Echelle de valorisation des actifs (ISO27005 -Annexe B.2 : Evaluation des actifs)						
1 - Difficulté de remplacement	2 - Coût d'achat	3 - Coût de maintenance	4 - Niveau de compétences	5 - Valeur intrinsèque pour l'entreprise	Valeur	
Actif facilement remplacable	Faible	Faible	Ne nécessite pas de compétences particulières	Faible (Poids : 2)	Faible	1
Actif remplaçable dans la journée	Moyen	Moyen	Nécessite des connaissances de base	Moyen (Poids : 2)	Moyen	2
Actif remplaçable dans la semaine	Elevé	Elevé	Nécessite des connaissances techniques particulières	Elevé (Poids : 2)	Elevé	3
Actifs remplaçable dans le mois	Très élevé	Très élevé	Nécessite des connaissances pointues et spécifiques	Très élevé (Poids : 2)	Très élevé	4

Figure 11 – Echelle de valorisation des actifs

Cette échelle a ensuite été appliquée à chaque actif en support identifié grâce à la formule suivante qui représente la moyenne des critères.

$$\frac{\sum_1^4 Critères\ de\ valorisation\ des\ actifs\ + Valeur\ intrinséque\ pour\ l'entreprise \times 2}{6}$$

Un arrondi est ensuite appliqué pour obtenir une valeur entière.

Le but de cette valorisation est de pouvoir dire,

- Qu'un actif facilement remplaçable, dont le coût d'achat et de maintenance est faible et qui ne nécessite pas un niveau de compétence important et n'a pas une grande valeur pour l'entreprise est un actif qu'il n'est pas nécessaire de protéger.
- Qu'un actif difficilement remplaçable, dont le coût d'achat et de maintenance est important et qui nécessite un niveau de compétence important et ayant une valeur très élevée aux yeux de l'entreprise doit absolument être protégé contre les risques de sécurité de l'information.

Après cette démarche, nous établissons donc une liste d'actifs valorisés. (cf. Annexe 1)

Compte tenu de cette valorisation, j'ai effectué un premier filtre **en ne sélectionnant pas** les actifs valorisés à la valeur « 1 » pour la suite de l'analyse. Ces actifs sont :

- La connectique
- Les consommables (papier, toners…)
- Le mobilier (au sens meubles)
- Imprimantes / Scanners / Fax

Cette démarche de valorisation des actifs ne s'applique qu'aux actifs en support. Puisque les actifs primordiaux dépendent de divers actifs en supports, leur valeur dépend donc de la valorisation associée à ces actifs.

3. Dépendances entre actifs

(Référence dans la norme ISO 27005 : Annexe B.2)

L'identification des dépendances entre actifs permet de garantir la valeur réelle des actifs. Dans le cas où un sinistre impacte un actif, il faut analyser la cascade de conséquences que cet incident engendre sur les autres actifs qui en dépendent. Pour la suite de l'analyse, il sera nécessaire de garder en tête cet arbre de dépendances afin d'affiner les différents critères d'impact attribués aux actifs.

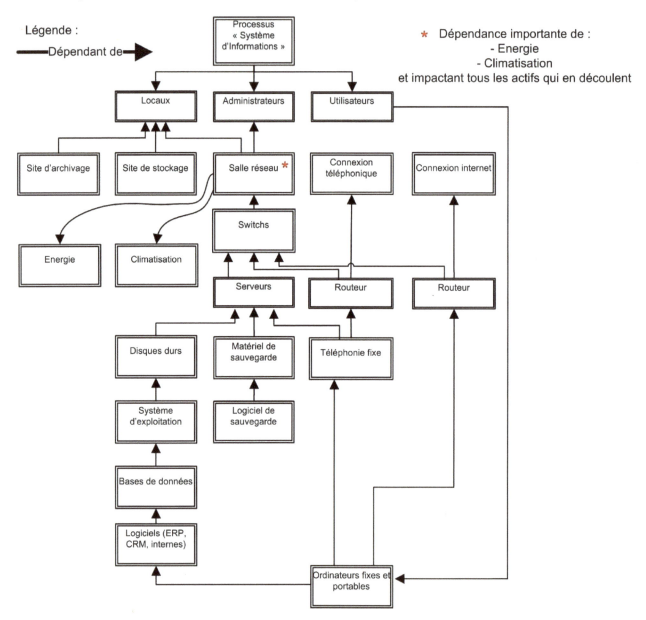

Figure 12 – Dépendances entre actifs

4. Identification des menaces

(Référence dans la norme ISO 27005 : 8.2.1.3 : Identification des menaces)

A partir de chaque actif en support identifié, il faut identifier les menaces auxquelles chacun d'eux peut-être exposé. Pour cela, la réflexion personnelle et la mise en commun d'idées (brainstorming) entre les différents acteurs du projet est la meilleure source d'identification. **Les menaces ayant causé des incidents passés** comme cités dans la partie II c) doivent également être prises en compte.

En complément nous pouvons nous appuyer sur l'annexe C de la norme ISO27005 qui fournit un catalogue de menaces types (cf Annexe 2 contenant la liste des menaces)

5. Identification des vulnérabilités

(Référence dans la norme ISO 27005 : 8.2.1.5 : Identification des vulnérabilités)

A partir de chaque menace identifiée, on identifie les vulnérabilités qu'elles exploitent. Pour cela, la réflexion personnelle et la mise en commun d'idées (brainstorming) entre les différents acteurs du projet est la meilleure source d'identification. **Les vulnérabilités exploitées par des menaces** ayant causé des incidents passés comme cités dans la partie II c) doivent également être prises en compte.

(cf Annexe 2 qui contient la liste des vulnérabilités exploitées par chaque menace)

NB : Notez l'importance de la différence entre la notion de menace et vulnérabilités ! La menace se produit lors de l'existence d'une vulnérabilité.

6. Transformation en scénarios d'incident

(Référence dans la norme ISO 27005 : 8.2.1.6 : Identification des conséquences)

Un scénario d'incident est la description d'une menace exploitant une certaine vulnérabilité, ou un ensemble de vulnérabilités, lors d'un incident de sécurité de l'information.

Exemple :

Actif	Menaces	Vulnérabilités
Salle réseau	Inondation / infiltration d'eau	Toiture
		Evacuations d'eau
	Incendie	Intentions criminelles
		Réseau électrique
		Erreur humaine

Donne les scénarios d'incidents :

- « La salle réseau subit une infiltration d'eau/inondation car la toiture/étanchéité est endommagée »
- « La salle réseau subit une infiltration d'eau/inondation car les évacuations d'eau sont mal situées ou mal dimensionnées »
- « Un incendie se déclare dans la salle réseau suite à un acte criminel »
- « Un incendie se déclare dans la salle réseau suite à accident électrique »
- « Un incendie se déclare dans la salle réseau suite à une erreur humaine »

Lors de ce travail de création des scénarios d'incident, vous vous apercevrez que certains scénarios se ressemblent et peuvent former un scénario plus général. Par exemple lors de dans notre exemple d'analyse j'avais identifié les actifs « base de données » ainsi que « Logiciel ERP », « Logiciel CRM », « Logiciel comptabilité ». Bien que les actifs soient différents, ils traitent tous une information sous forme numérique, une donnée. J'ai donc créée des scénarios d'incidents frappant des données, indépendamment du logiciel qui les traite.

Nous avons finalement identifié au total **188 scénarios d'incidents dans l'étude d'ExemplePME.**

7. Identification des conséquences

(Référence dans la norme ISO 27005 : 8.2.1.6 : Identification des conséquences)

Pour chacun des scénarios d'incident, nous listons les actifs qu'il touche, et pour chacun d'eux nous apprécions l'impact sur l'activité de l'organisme grâce aux critères CID. La somme maximale de ces critères est alors sélectionnée pour la suite de l'analyse.

(cf Annexe 3 qui contient la liste de scénarios d'incidents et des conséquences)

8. Mesures de sécurités existantes

(Référence dans la norme ISO 27005 : 8.2.1.4 : Identification des mesures de sécurité existantes)

Il convient d'identifier les mesures de sécurité existantes pour éviter des travaux ou des coûts inutiles dus, par exemple, à une redondance des mesures de sécurité. Tout en effectuant cette démarche il convient de vérifier que les mesures de sécurité actuellement en place fonctionnent correctement.

Si une mesure de sécurité ne fonctionne pas comme prévu, elle peut engendrer des vulnérabilités dont il faudra tenir compte dans l'analyse pour proposer une réponse correcte au risque qu'elle est censée traiter.

Dans un SMSI, conformément à l'ISO27001, ce point est pris en charge par l'évaluation de l'efficacité des mesures.

(cf Annexe 3 qui contient la liste de scénarios d'incidents et des éventuelles mesures de sécurité existantes)

c) Estimation des risques

1. Appréciation des conséquences

(Référence dans la norme ISO 27005 : 8.2.2.2 : Appréciation des conséquences)

Pour chaque scénario, j'ai décrit de façon explicite (sous forme de phrases) les conséquences qu'il provoquerait.

Dans l'exemple précédent cela donnerait :

« Equipements réseau tombent en panne, défaillances / coupures électriques, indisponibilité des services aux utilisateurs »

… pour les deux scénarios liés à la menace d'inondation / infiltration d'eau :

« La salle réseau subit une infiltration d'eau/inondation car la toiture/étanchéité est endommagée »
« La salle réseau subit une infiltration d'eau/inondation car les évacuations d'eau sont mal situées ou mal dimensionnées »

« Perte totale des équipements présents dans la salle, soit à cause des dégâts causés par le feu, soit à cause des moyens mis en œuvre pour l'éteindre. Conséquences pouvant s'étendre à l'ensemble du bâtiment si impossibilité d'éteindre le feu avec les moyens de sécurité présents sur place »

… pour le scénario lié à l'incendie :

« Un incendie se déclare dans la salle réseau suite à un acte criminel »

2. Appréciation de la vraisemblance et de la détectabilité d'un incident

(Référence dans la norme ISO 27005 : 8.2.2.3 : Appréciation de la vraisemblance d'un incident)

Comme évoqué dans la partie *V/ a) 3- Critères d'acceptation du risque* une menace peut être ignorée si sa probabilité d'occurrence est extrêmement faible. Il serait alors incompréhensible de déployer des moyens de protection lourds et onéreux pour se prémunir d'un incident qui ne se réalisera probablement jamais.
Par exemple, les désastres naturels (tremblements de terre, tempêtes extrêmement violentes, ouragans, météorites, invasion d'extraterrestre ou de criquets géants) font partis des risques qu'il convient de prendre en compte de façon raisonnée, sans mettre en place des solutions démesurées. Il faut être un peu paranoïaque mais jusqu'à une certaine limite ;)

Il convient donc de prendre en compte la vraisemblance d'un scénario d'incident.

Enfin, nous avons introduit un critère supplémentaire qui n'était pas dans la norme ISO27005, mais qui nous semble tout de même important d'intégrer à notre méthode. Ce critère est la **détectabilité**.

Imaginons des fichiers cruciaux, consultés mensuellement sont supprimés par mégarde. La sauvegarde quotidienne se déroule normalement, le fichier n'est donc plus sauvegardé à partir de la date où il a été supprimé. Si l'entreprise fonctionne avec 2 jeux de sauvegarde (1 par semaine) ce qui signifie que si l'on ne s'aperçoit pas que le fichier a été supprimé avant 13 jours, la dernière sauvegarde qui contenait encore le fichier sera écrasée et le fichier sera définitivement perdu. En d'autres termes, l'incident s'est produit sans que nous nous en rendions compte à temps. Cette notion est exprimée par le l'indice de détectabilité.

Estimation des risques (ISO27005 - 8.2.2)			
Vraisemblance	Détectabilité	Valeur	
La menace est quasiment improbable	Il existe des mesures fiables et simples à mettre en œuvre pour détecter la menace	Faible	1
Il y a des chances que la menace se présente dans l'année	Il existe des mesures pour détecter la menace	Moyen	2
La menace s'est déjà produite et peut se reproduire d'un jour à l'autre	La menace est difficilement détectable	Elevé	3
la menace pèse en permanence, s'est déjà produite et se reproduira	La menace est imprévisible, sa détection approximative	Très élevé	4

Figure 13 – Estimation des risques

Tout comme les autres critères de **confidentialité**, d'**intégrité** et de **disponibilité**, j'ai utilisé une échelle qualitative allant de 1 à 4. La description associée du niveau de **vraisemblance** ou de **détectabilité** est noté dans le tableau précédent.

La somme de **tous ces critères** nous donne le niveau de risque associé à un scénario d'incident.

L'estimation des risques ainsi que le niveau de risque pour chaque scénario d'incident sont disponibles dans l'annexe 3

d) Evaluation des risques

L'outil d'analyse que j'ai élaboré sous Excel au fil de l'analyse classifie automatiquement les risques en « faible », « moyen » ou «élevé » en fonction du niveau de risque, qui est aussi calculé en fonction des 5 critères précédemment évoqués.

Mon outil nous montre alors que sur les 188 scénarios identifiés il y en a :

- 29 de risque faible
- 95 de risque modéré
- 64 de risque élevé

La priorité de traitement (de 1 – *très prioritaire* à 4 – *moins prioritaire*) a été définie à l'issue de ma réflexion personnelle et dépend du niveau de risque, des dépendances entre les actifs touchés par le scénario, ainsi que du ressenti quant aux expériences vécues sur le SI. Globalement on s'aperçoit grâce à mon outil que la majorité des scénarios de risque élevés sont les plus prioritaires, et que moins la priorité est importante, moins les scénarios de risque élevé sont nombreux.

J'ai donc constaté que mes résultats étaient cohérents.

Cette classification, déterminée en fonction des critères d'acceptation du risque, nous conduis directement à la prise de décisions quant au traitement du risque.

A l'issue de cette étape, nous avons entrepris une réunion avec la direction, où j'ai présenté ma démarche ainsi que les scénarios identifiés et valorisés, et qui a finalement validé les niveaux de risques associés aux scénarios d'incident.

e) Traitement des risques

Cette activité consiste à choisir les options de traitement du risque parmi celles proposées par la norme ISO27005 :

- Réduction du risque (ISO27005 – 9.2)
- Maintien du risque (ISO27005 – 9.3)
- Evitement du risque (ISO27005 – 9.4)
- Transfert du risque (ISO27005 – 9.5)

Les quatre options de traitement ne s'excluent pas mutuellement. L'organisme peut parfois retirer des bénéfices intéressants d'une combinaison d'options tels que la réduction de la vraisemblance des risques et de leurs conséquences et le transfert ou la conservation de tout risque résiduel.

Certains traitements peuvent répondre à plus d'un risque de manière efficace.

Une fois le plan de traitement du risque défini, il est nécessaire de déterminer les risques résiduels. Cela implique la réitération de l'appréciation du risque (nouvelle analyse des 188 scénarios d'incidents).

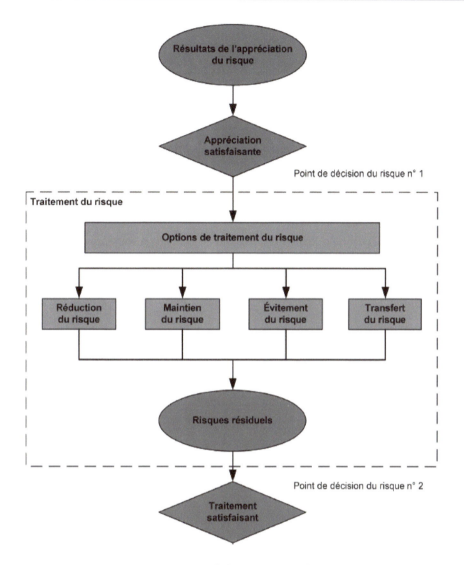

Figure 14 – Activité de traitement du risque

Le plan de traitement des risques est disponible en annexe 4.

Pour ExemplePME, les décisions de traitement du risque qui ont été prises sont les suivantes :

- 111 réductions
- 68 maintiens
- 2 évitements
- 7 transferts

Pour chaque décision de réduction, nous avons identifié les familles de mesures de sécurité à adopter pour réduire le risque. Ces mesures de sécurité sont définies selon la norme ISO27002 qui fournit un catalogue de 133 mesures dites « best-practice »

f) Acceptation des risques

La figure 20 montre qu'à l'issue du traitement, il peut rester un risque résiduel car la mesure de sécurité ne permet pas de faire disparaitre complètement le risque. En pratique, nous pouvons dire que le risque zéro n'existe pas et qu'il en restera toujours quelques résidus. L'organisme doit donc en être conscient et la direction doit donc valider les décisions de traitement, ainsi que la présence des risques résiduels.

Si un niveau de risque résiduel ne remplis pas les critères d'acceptation de risque, il est possible de décider une mise en place de mesures plus onéreuses visant à le réduire au maximum, ou bien décider de l'accepter bien qu'il ne remplisse pas les critères d'acceptation définis précédemment. Il faudra alors commenter explicitement ce choix d'outrepasser les critères normaux d'acceptation.

g) Communication du risque

Il convient d'informer, échanger, partager les informations relatives au risque entre les parties prenantes.

La communication sur les risques doit être effectuée au travers du Plan de Continuité d'Activités (PCA) et par les mesures de sensibilisation aux utilisateurs. Ces actions de communication peuvent se réaliser via des formations de rappel à la sécurité, par des exemples concrets et de éléments chiffrés, facilement compréhensibles par les utilisateurs.

De plus, des tests en grandeur nature qui visent à évaluer la crédulité des utilisateurs à un attaquant cherchant à utiliser l'ingénierie sociale afin d'obtenir des informations sensibles. Ces tests consistent donc à l'équipe en charge de la sécurité du système d'information de se faire passer pour une personne tierce, cherchant par exemple à obtenir des informations sensibles (mots de passes, numéros de comptes...)

> Une gestion de risques n'as d'intérêt que si tous les utilisateurs du SI ont conscience des risques et ont été formés à les identifier.

h) Surveillance et réexamen du risque

Une modification du contexte de l'organisme ou des processus peut entrainer une modification des actifs, l'apparition de nouvelles menaces et vulnérabilités. Il convient donc d'identifier au plus tôt toutes ces modifications pour conserver une cartographie complète des risques à jour.

Les risques ne sont pas statiques. Les menaces, vulnérabilités, vraisemblance, détectabilité, conséquences peuvent changer brutalement sans indication préalable

De plus, il convient de penser à l'aspect « sécurité de l'information » lors de toute mise en œuvre d'amélioration sur le système d'information. En effet, certaines mesures de sécurité peuvent être facilement mises en œuvre si elles ont été pensées en amont !

Ces évolutions doivent être intégrées à la gestion de risque qui peut nécessiter une nouvelle analyse succincte des nouveaux risques engendrés, modifiés, ou au contraire réduits.

i) Généralisation de l'outil d'analyse

J'ai élaboré un outil au format Excel permettant d'avoir une trame pour effectuer l'analyse de risques. Cet outil, accompagné d'un guide, peut être réutilisé par les parties concernées pour effectuer une nouvelle analyse d'un autre processus de l'organisme. Il convient également à une analyse de plus haut niveau, sur l'organisme lui-même. Chaque tableau à compléter fait référence à la rubrique concernée dans la norme ISO27005 ou 27001.

J'ai également un tableau Excel qui permet de suivre l'état d'avancement de différentes mesures et plans qui constituent le PCA. J'ai rédigé des modèles de procédures, de mesures et de plans répondant aux critères de qualité concernant le suivi des modifications et de versions.

J'ai donc créé des modèles de documents afin que l'outil soit réutilisable.

VI / Le plan de continuité d'activités

a) Structure

Le PCA est composé de différentes mesures de sécurité, établies en fonction de la décision de traitement du scénario de sinistre.

Tous les documents liés à l'analyse de risques, sont stockés sur un serveur et sont accessibles uniquement par les parties prenantes (les administrateurs du système d'information et la direction). L'établissement du PCA a cependant permis d'élaborer des documents à l'attention de tous les utilisateurs du SI. Ces documents doivent être diffusés et accessibles sur le réseau interne de l'entreprise.

- 24-Plan de Continuité d'Activités
  - 01-Mesures de prévention
    - à completer
    - à valider
    - Modèles
  - 02-Mesures de détection et de réaction
    - Modèles
  - 03-Plans de secours
    - 01-Plans de gestion et de communication de crise
    - 02-PRA des moyens techniques
    - 03-PCA par métiers (processus)
    - 04-Plan de fonctionnement en situation secours
    - 05-Plan de retour à la normale
  - 04-Propositions de solutions
    - à compléter
    - Modèles
  - 05-Documents élaborés pour le PCA-PRA
  - 06-Sources

La figure ci-contre montre la structure documentaire des travaux sur la création du PCA. Plusieurs types de mesures et plans sont élaborées et triés en fonction de leur état d'avancement.

(À compléter, à valider, validées)

Figure 15 – Structure documentaire

Les différents codages utilisés pour la classification des documents liés au PCA sont les suivants :

```
***********************************************
Mesures de Préventions :
***********************************************
[Numéro du/des scénario(s) traité(s)]MP-[Intitulé de la mesure]

***********************************************
Mesures de détection et de Réaction :
***********************************************
[Numéro du/des scénario(s) traité(s)]MR-[Intitulé de la mesure]

***********************************************
Plan de gestion et de Communication de crise :
***********************************************
[Numéro du/des scénario(s) traité(s)]PC-[Intitulé du plan]

***********************************************
Plan de Reprise d'Activités des moyens techniques :
***********************************************
[Numéro du/des scénario(s) traité(s)]PRA-[Intitulé du plan]

***********************************************
Plan de Continuité d'Activités par métiers (processus) :
***********************************************
[Numéro du/des scénario(s) traité(s)]PCA-[Intitulé du plan]

***********************************************
Plan de fonctionnement en situation Secours :
***********************************************
[Numéro du/des scénario(s) traité(s)]PS-[Intitulé du plan]

***********************************************
Plan de Retour à une situation normale :
***********************************************
[Numéro du/des scénario(s) traité(s)]PR-[Intitulé du plan]

***********************************************
Proposition de solutions :
***********************************************
[Numéro du/des scénarios(s) traité(s)]SOL-[Intitulé du plan]
```

Ces différents codages permettent d'identifier rapidement grâce au nom du fichier les scénarios concernés par chaque document.

En effet, une mesure ou un plan peut traiter plusieurs scénarios d'incident.

b) Choix des solutions (compromis budget / réduction du risque)

Pour certaines mesures techniques, j'ai d'abord rédigé un document nommé « Proposition de solution » qui permet de comparer des solutions à coûts différents, permettant de réduire le risque dans une proportion différente.

Le budget alloué à la solution va dépendre de deux valeurs : le RPO et le RTO

-   RPO (Recovery Point Objective) : Après un sinistre, point à partir duquel l'activité peut recommencer. C'est ce que l'on appelle la perte acceptable. Un RPO nul indique qu'aucune perte d'activité et de données n'est constatée après un sinistre.
-   RTO (Recovery Time Objective) : Après un sinistre, temps maximal de reprise de l'activité (dégradée, ou normale)

La figure ci-dessous met en avant ces deux notions :

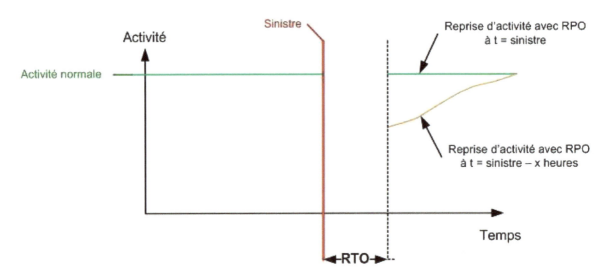

Figure 16 – Temps et point de retour à une situation acceptable

Plus ces deux valeurs seront faibles, et plus le budget de la solution sera élevé. En effet, pouvoir assurer une continuité d'activité permanente peut couter très cher en fonction du scénario d'incident. (Exemple : catastrophes naturelles)

De même, assurer un taux de disponibilité de 100% de la totalité du système d'information est impossible. Même les plus grand hébergeurs garantissent un taux de disponibilité proche du 100%, mais des investissements gigantesques sont mis en œuvre afin d'assurer la sécurité et la disponibilité des informations.

Le graphique de la page suivant montre l'évolution du coût de la solution pour le taux de disponibilité qu'elle propose.

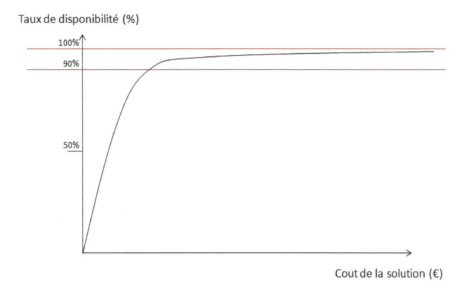

Figure 17 – Rapport taux de disponibilité / prix

Il apparait que nous pouvons arriver rapidement à des taux de disponibilité acceptables (au-delà des 98%) sans rentrer dans un excès de mesures de protections couteuses. C'est l'objectif visé par les solutions que nous mettons en place dans ce cas concret.

Les différentes solutions sont alors présentées à la direction qui choisit la plus adapté en fonction du budget et de la volonté de réduire le risque dans une plus ou moins grande mesure.

Voici notre façon de procéder dans le choix de la solution. (Dans le cas de solutions agissant sur le critère de disponibilité de l'information)

	Solution 1	Solution 2	Solution 3
RPO	De 1 à 3 jours	24h	T = sinistre
RTO	De 1 à 3 jours	24h	T = 0
Coût de la solution	Faible	Moyen	Elevé

Nous étudions 3 solutions et les comparions. Nous tendons à adopter des solutions correspondant au 2nd choix de solution, puisque le coût est acceptable et permet de rétablir le service en un temps relativement correct. Cependant, ces décisions peuvent varier en fonction de la vraisemblance et de la détectabilité et peuvent nous amener à choisir une solution onéreuse pour couvrir un risque qui s'est déjà produit ou bien se produisant fréquemment.

Par la suite et afin de justifier les coûts, il est intéressant de mettre en rapport le prix de la mesure de protection face aux conséquences que le scénario d'incident engendrerai si la menace se produisait.

Une fois la solution sélectionnée, nous devons ensuite la déployer et rédiger les différents plans associés.

c) Mesures de prévention

Les mesures de prévention permettent de mettre en avant les solutions techniques ou organisationnelles permettant de réduire la probabilité d'apparition d'un ou plusieurs risques.

Exemple : définition d'une politique de sauvegarde des données, politique de mise à jour des serveurs afin de corriger les problèmes de sécurité identifiés par les éditeurs du système d'exploitation et de logiciels.

d) Mesures de détection et de réaction

Cet ensemble de mesures permet de définir les moyens déployés afin de détecter la présence d'un risque imminent ou d'un risque qui est en train de se produire.

Exemple : Alerte mail/SMS générée par une sonde de température car celle-ci a détecté une augmentation anormale de la température dans la salle serveurs.

e) Plans de secours

La possibilité qu'un événement impactant le SI est toujours à prendre en compte malgré les mesures de prévention et de détection déployées.

<u>Plan de gestion et de communication de crise</u> : Permettent de savoir qui contacter et quelle réaction adopter lorsqu'un évènement survient.

Exemple : coordonnées du fournisseur d'accès et numéro de contrat associé à l'accès internet lorsqu'une coupure survient. Pyramide d'appel lorsqu'il est nécessaire d'informer beaucoup de personnes en un temps réduit.

<u>PRA des moyens techniques</u> : Aucun équipement n'est à l'abri d'une panne, le PRA définit donc les procédures à activer et les actions à entreprendre afin de rétablir un fonctionnement dégradé ou total. (Voir chapitre suivant)

<u>PCA par processus métier</u> : PCA propre à chaque processus, adapté à la situation rencontrée. Dans notre cas (étude limitée au SI), on parlera de la continuité de services rendus aux utilisateurs.

<u>Plan de fonctionnement en situation secours</u> : Lorsqu'un rétablissement total n'est pas possible, ce plan définit les modalités de fonctionnement en mode « dégradé » (ralentissement de l'activité, ou situation temporaire.

<u>Plan de retour à une situation normale</u> : Permet de définir les moyens à mettre en place pour passer d'une situation dégradée à un fonctionnement normal.

f) Exemple de solutions mises en œuvre

Pour l'établissement du PCA chez ExemplePME, nous avons mis en place diverses solutions techniques. Je vais présenter ici deux solutions conséquentes que nous avons mises en place, et montrer en quoi elles apportent une amélioration de la sécurité de l'information.

1. Virtualisation de serveurs

Le changement d'ERP/CRM de la société ExemplePME nous a amenés à réfléchir sur la nouvelle architecture serveurs qui accueillera la solution. Nous en avons profités pour réfléchir à une amélioration de la sécurité et des temps de retour à la normale en cas de panne. Nous avons également pensé à la mutualisation des rôles actuellement répartis sur 3 serveurs vieillissants dont il a fallu effectuer le renouvellement car les contrats de maintenance arrivaient à échéance.

Voici l'architecture que nous avions précédemment :

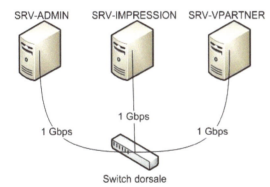

SRV-ADMIN : Contrôleur de domaine, Gestion des sauvegardes sur bandes, Serveur de mises à jour WSUS

SRV-IMPRESSION : Serveur d'impression, Gestion du serveur antiviral

SRV-VPARTNER : Héberge la CRM d'ExemplePME

Figure 18 – Architecture serveurs

Ce type d'architecture est problématique dans le cas où un serveur viendrait à tomber en panne. En effet, il faudrait alors avoir une autre machine à disposition sur laquelle réinstaller ou redescendre tout le système d'exploitation, les rôles, les différentes configurations. Le délai de rétablissement (RTO) est important.

Voici l'estimation que nous avions réalisée :

	Serveurs physiques	Serveurs virtualisés	Cluster de serveurs
RPO	24h	24h	T = sinistre
RTO	≥ 8h	2h	T = 0
Coût de la solution	Entre 2000 et 3000€	Entre 5000€ et 6000€	≥ 10 000€

Le RPO/RTO de la solution de serveurs virtualisés était acceptable. Notre choix s'est donc porté sur cette solution compte tenu de la probabilité faible de pannes de serveurs et des contrats de maintenance que nous avions à disposition. Notre budget a également joué dans la décision finale et ne nous permettait pas de sélectionner la solution la plus onéreuse mais la meilleure en termes de disponibilité des informations.

Nous avons alors mis en place une architecture virtualisée qui est la suivante :

Un serveur hôte accueillant deux serveurs virtuels.

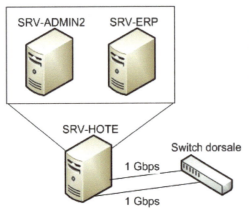

SRV-ADMIN2 regroupe les rôles de SRV-ADMIN et SRV-IMPRESSION

SRV-ERP héberge notre nouvelle solution ERP/CRM et est dédié à cette fonction

Figure 19 – Architecture serveurs virtualisés

Nous avons déployé une nouvelle version du système antiviral, il a fallu réinstaller le serveur et déployer les nouveaux clients. De plus, il a fallu effectuer la migration du serveur d'impression qui a impliqué :

- L'installation des imprimantes sur le nouveau serveur avec tous les pilotes nécessaires aux clients
- La migration des clients vers le nouveau serveur.

Il a également fallu modifier la GPO (Groupe Policy Object, Stratégies de groupe) pour que les clients Windows pointent vers le nouveau serveur WSUS pour qu'ils puissent récupérer les mises à jour de leur système d'exploitation ou des outils Microsoft installés.

A terme, SRV-ADMIN2 va peut-être remplacer le rôle d'un autre serveur, SRV-DATA, qui sert uniquement de plateforme entre le SAN (Storage Area Network) et les utilisateurs.

Le SAN est un espace de stockage réseau, dont les informations stockées sont sécurisées grâce à des systèmes de redondance de disques appelés RAID. L'espace de stockage total disponible est fractionné en unités logiques (appelées LUN : Logical Unit Number) qui sont ensuite « montées » sur un serveur. Ces LUN sont alors vues comme des disques physiques connectés à ce serveur, alors qu'en réalité l'information est physiquement stockée sur le SAN.

Regrouper plusieurs rôles à travers différentes machines virtuelles sur une même machine hôte soulève d'autres points de réflexion comme les accès réseaux. En effet, toute la charge est désormais concentrée sur un seul et même serveur physique.

Pour remédier à ce problème, nous configurons une agrégation de liens réseaux entre le serveur et le switch principal de notre réseau. Ainsi, nous disposons d'un accès logique à 2 x 1 Gbps entre le serveur et le switch de dorsale. Ce lien physique auparavant critique car représentant un goulot d'étranglement (seul voie d'accès au serveur) est désormais redondé et propose un débit double tout en assurant une tolérance aux pannes. (Si un des deux liens physique tombe, le trafic continue d'être acheminé à travers le lien logique sans interruption de service). Pour configurer cet agrégat de lien, nous utilisons le protocole LACP (Link Aggregation Control Protocol) qui permet, en plus de permettre de cumuler le débit de chaque lien et de proposer une tolérance aux pannes, d'effectuer de la répartition de la charge à travers les différents liens.

Nous effectuons une sauvegarde quotidienne des machines virtuelles sur des disques externes, ce qui nous permet en cas de panne de pouvoir rétablir très rapidement le service sur une autre machine disposant du gestionnaire d'ordinateur virtuels (Hyperviseur) Hyper-V. En effet, une machine virtuelle est très facilement déplaçable et peut être exécutée sur une autre machine physique ayant une spécification matérielle similaire (même nombre de ports réseaux…).

Cette solution permet d'avoir un RTO estimé de maximum 2h avec une machine à disposition, contre une RTO estimé de 8h dans le cas d'une réinstallation physique complète d'un serveur (réinstallation du système d'exploitation, des logiciels, configuration). Mais dans les deux cas, nous avons une perte de donnée ce qui ne nous permet pas d'avoir un RPO à t = sinistre puisque les sauvegardes s'effectuent en fin de journée et non pas continuellement.

Nous aurions pu mettre en place une solution proposant un RTO et RPO nul. Ce qui nous aurait permis d'assurer une continuité d'activité même lors d'une panne physique sur l'un des deux serveurs. Cependant, cette solution était beaucoup plus couteuse que celle que nous avons mise en place car elle nous imposait d'acheter un nouveau SAN (Equipement de près de 10.000 €). En effet notre SAN actuel ne permet pas de supporter une telle architecture à cause de l'interface des disques inadaptée et pas assez rapide (SATA 150).

Nous voulions initialement composer un cluster composé de deux serveurs physiques (appelés alors nœuds). L'architecture de ce type de solution est la suivante :

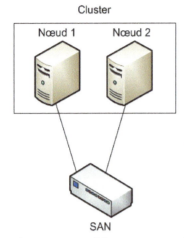

Dans un cluster, les machines virtuelles sont situées sur le SAN dont les LUN sont vues comme des disques locaux et permettent donc de démarrer indifféremment une machine virtuelle bien qu'elle ne soit pas physiquement hébergée sur le serveur. Dans le cas où l'un des deux nœuds tombe en panne, aucune donnée n'est perdue et le cluster attribue le nœud restant comme nœud actif. Aucune perte de donnée n'est alors constatée puisque les machines virtuelles sont hébergées sur le SAN. La continuité de service est assurée.

Figure 20 – Architecture avec cluster

Cependant, cette solution est à envisager lors du prochain changement du SAN. A chaque évolution du SI nous essayons d'apporter davantage de sécurité des données lorsque cela est possible, afin de rentrer dans la phase de surveillance et réexamen des risques qui fait partie de l'évolution et de l'amélioration continue d'un SMSI.

Cet exemple montre que nous avons réduit différents niveaux de risques liés aux pannes de serveurs et aux coûts engendrés par l'indisponibilité de ces derniers, en fonction du budget alloué. Nous aurions pu mettre en place une solution de cluster qui aurait réduit dans une plus grande mesure les niveaux de risques liées aux pannes de serveurs mais cette solution n'était pas prévue dans le budget et représentait un surcoût important puisque notre SAN actuel est toujours sous contrat de maintenance et représente un investissement conséquent.

2. Redondance de la climatisation

Suite aux incidents constatés sur la climatisation de la salle réseau (voir partir II d)) il est apparu indispensable de traiter les risques liées à une panne de la climatisation dans la salle réseau. En effet, nous avons depuis cette date subis de nouvelles pannes de cette climatisation qui commence à devenir vieillissante et nécessite de plus en plus d'entretien. Nous avons donc retrouvé à plusieurs reprises la salle réseau le matin à plus de 40°C de température ambiante, qui n'est pas un environnement favorable pour le fonctionnement normal de matériel informatique et contribue à l'usure prématurée des composants voir à leur mise en défaut.

ExemplePME s'est ensuite équipe d'une salle blanche au rez-de-chaussée du bâtiment pour concevoir des composants électroniques en environnement stérile et contrôlé. Il a fallu déployer la climatisation dans cette salle afin de renouveler et tempérer l'air à travers le filtre parfait normalisé pour ce type de salles. Nous avons donc profité de ce besoin pour faire installer un nouveau groupe de climatisation ayant un double objectif :

- Renouveler / tempérer l'air de la salle blanche
- Maintenir la température de la salle réseau à un niveau correct en cas de panne de la climatisation principale.

L'installation se schématise de la façon suivante (vue en coupe) :

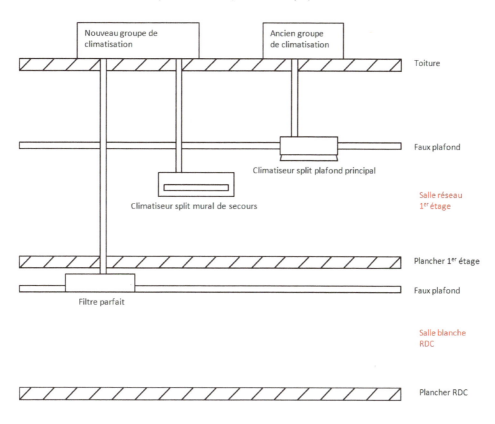

Figure 21 – Schéma de l'infrastructure climatique

Les deux climatiseurs de la salle réseau on été paramétrés de telle sorte que :

- Le climatiseur principal maintient une température ambiante de 22°C.
- Le climatiseur de secours maintient une température ambiante de 26°C

Le climatiseur de secours est donc inactif lorsque la température est maintenue à 22°C par le climatiseur principal.

Ainsi, en cas de panne du climatiseur 1, la température ambiante va progressivement augmenter pour atteindre le seuil de déclenchement du climatiseur de secours, et la température sera maintenue à 26°C (adaptable en fonction du besoin) et le matériel informatique préservé.

Les différentes phases dans lesquelles peuvent se retrouver les deux climatisations sont décrites sur le graphique suivant :

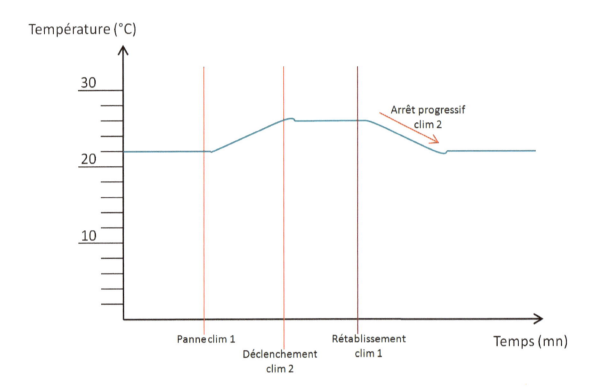

Figure 22 – Evolution de la température dans la salle réseau

Cette mesure de sécurité permet de ne pas avoir une température ambiante supérieure à 26°C dans la salle réseau, préservant ainsi le matériel et la durée de vie de notre infrastructure informatique et téléphonique (serveurs, équipements réseau).

VII/ Bilan d'un projet de gestion de risques

a) Problèmes fréquemment rencontrés

1. Organisation

Le travail demandé pour le projet n'est pas à négliger et il est nécessaire d'être très concentré notamment lors des phases d'analyse et de réflexions afin d'identifier les risques, menaces, vulnérabilités… Il en est de même lors de l'établissement du PCA.

Si vous être plusieurs à travailler sur ce projet, je ne saurai vous conseiller de de confronter au maximum vos idées au cours de l'activité d'analyse de risques (détermination des menaces, vulnérabilités, etc…) et répartir les tâches lors notamment de la recherche de solutions aux scénarios d'incidents.

Un planning (Gantt) est fourni en annexe à titre d'exemple

2. Budget

Les budgets de l'année peuvent, selon l'entreprise, mettre du temps à être validés par la direction, ce qui nous empêche d'avoir une visibilité sur la mise en place effective des solutions. Cependant, l'activité d'analyse de risque peut être menée en amont sans qu'un budget (en termes de coût des solutions techniques) ne soit encore décidé.

b) Performance attendue

La véracité des choix curatifs et préventifs face aux risques identifiés sera connue au fil du temps lors de l'analyse des éventuels incidents futurs, et par les indicateurs d'évolution de la durée d'indisponibilité des informations sur plusieurs années. Dans une démarche qualitative et d'amélioration continue, la durée d'indisponibilité doit donc diminuer au fil du temps.

c) Perspectives / Evolutions

L'outil d'analyse doit être tenu à jour et évoluer lorsque des modifications sont portées au processus ou aux actifs qui le composent. Par conséquent, L'outil de gestion de risques continuera à être utilisé et les grands principes de gestion de risques qui l'accompagnent doivent demeurés ancrés dans les esprits afin de toujours garder à l'esprit l'importance de la sécurité des informations.

Concernant l'applicabilité de l'outil aux autres processus de l'entreprise, il est conseillé de mener une analyse de risques afin d'identifier les menaces planant sur les autres processus de l'entreprise afin d'obtenir une gestion de risque complète et globale.

Conclusion

La multiplication des processus au sein des entreprises implique autant de menaces différentes qui gravitent autour de l'organisation globale ou directement sur les processus eux-mêmes. La mise en place d'un système de management de sécurité de l'information devient alors évidente.

Préserver la viabilité, l'intégrité et la confidentialité de l'information est **primordial** pour une entreprise. Ainsi, cet ouvrage explique le déroulement de l'étude de risques d'un processus amont et aval de tous les autres processus, le processus Systèmes d'Information.

La finalité de cette analyse est de mettre en place un plan de continuité d'activités proposant des solutions pour contrer et lutter efficacement contre les risques. Le gain escompté représente le bon fonctionnement de l'entreprise, quoiqu'il advienne.

Cet ouvrage sert également à faire prendre conscience que les risques sont inévitablement présents et donne la voie quant à l'état d'esprit à adopter.

Le succès d'un projet d'analyse de risques permet de mettre en place des solutions permettant d'assurer un meilleur management du système d'information

Annexes

Annexe 1 : Liste des actifs valorisés

Annexe 2 : Liste des menaces et vulnérabilités par actifs

Annexe 3 : Liste des scénarios d'incidents

Annexe 4 : Plan de traitement des risques

Annexe 5 : Planning du projet

Pour toute demande d'information, suggestions ou pour obtenir les annexes et le kit d'analyse comprenant un exemple concret et un template vierge à compléter pour votre propre entreprise ainsi qu'un accompagnement personnalisé, merci de visiter notre site internet :

https://borntobeonline.fr/produit/analyse-de-risques/